Dieses Buch gehört

Pattloch Verlag, Augsburg

Satz: Fotosatz Völkl, Germering
Gesamtherstellung: Appl, Wemding
Printed in Germany
ISBN 3-629-00023-1

Mein erstes Buch von Maria

erzählt von Marilis Lunkenbein
und gemalt von Renate Sandvoß

Maria erinnert sich

Laut klappern die Pferdehufe durch eine schmale, steinige Straße von Jerusalem. Die Rufe der römischen Reiter hallen von den weißgetünchten Wänden wider. Heimlich recken die Menschen ihre Fäuste. Wann werden sie diese Eindringlinge aus dem Land jagen können? Nur die Frau, die da ganz allein im Schatten einer Hausmauer auf der Bank sitzt, scheint nichts von dem Lärm und dem Haß zu bemerken. Ihre Hände liegen gefaltet im Schoß. Die Schultern sind nach vorne gebeugt. Es ist Maria aus Nazaret. Ihr Sohn Jesus wurde vor wenigen Tagen am Kreuz hingerichtet. Scheu streifen die Augen der Nachbarinnen die Sitzende. Ob Maria nach all dem Kummer und Schmerz wohl eingeschlafen ist? Nein, Maria schläft nicht. Sie hält zwar die Augen geschlossen, aber in ihrem Innern ziehen Bilder an ihr vorbei. Es sind Bilder ihres Lebens. Manche Bilder bereiten ihr Freude, andere Kummer.

Ein Bote Gottes kommt

Es war ein schöner sonniger Tag in Nazaret. Marias Finger nähten eifrig an einem Kleidungsstück. Dabei hing sie ihren Gedanken nach. Kurz vor dem Weggehen hatte ihr Vater noch von den Römern gesprochen, der fremden Macht, die schon so lange das Land Israel besetzt hielt. »Einmal muß doch der Retter kommen«, hatte er geseufzt.
Ja, der Retter! Auch Maria wartete auf ihn. Seit diese Römer in ihrem Lande waren, quälten Not und Ungerechtigkeit die Menschen. Leise betete Maria:

»Retter, komm', wir brauchen dich
auf der dunklen Erde,
daß die Welt von deinem Licht
immer heller werde.«

Plötzlich betrat ein Engel den Raum. »Sei gegrüßt, Maria!« sagte der Bote Gottes. »Gott ist mit dir. Er schenkt dir seine Gnade!« Was sollte dieser Gruß bedeuten? Maria fühlte, wie Angst in ihr hochstieg.

»Fürchte dich nicht!« sprach der Bote weiter. »Du wirst einen Sohn bekommen. Du sollst ihn Jesus nennen. Er wird von Gott den Thron Davids bekommen!«
Maria dachte daran, daß sie mit Josef nur verlobt war. »Ich bin doch nicht verheiratet«, sagte sie schüchtern. »Wie soll ich ein Kind bekommen?«
»Gottes Geist wird dich erfüllen. Deshalb wird dein Kind Sohn Gottes heißen. Auch deine Verwandte Elisabeth erwartet ein Kind, obwohl sie schon alt ist. Du siehst, bei Gott ist nichts unmöglich.«
Endlich hatte Maria verstanden: Gott braucht mich. Gott hat mich auserwählt, der Welt den Retter zu bringen. Denn seit langer Zeit schon flehten die Menschen Gott um einen zweiten König David an, der sie retten sollte.
Tapfer sagte Maria: »Ich will Gott dienen. Wie Gott will, so soll es geschehen!«

Maria durch ein Dornwald ging

Was trug Maria unter ihrem Herzen?
Kyrieleison.
Ein kleines Kindlein ohne Schmerzen,
das trug Maria unter ihrem Herzen.
Jesus und Maria.

Da haben die Dornen Rosen getrag'n.
Kyrieleison.
Als das Kindlein durch den Wald getrag'n,
da haben die Dornen Rosen getrag'n.
Jesus und Maria.

Die Reise zu Elisabeth

»Elisabeth wird verstehen, daß ich Gott gehorchen muß!« dachte Maria. Ihr wollte sie das große Geheimnis anvertrauen.
Der Weg zu ihrer Verwandten Elisabeth führte über Berge und durch Täler, durch Olivenwäldchen und durch stacheliges Gestrüpp.
»Welche Freude!« rief Elisabeth, als sie Maria kommen sah. »Sogar das Kind in meinem Leibe strampelt vor Freude.« Sie umarmte Maria und sagte: »Du bist von Gott gesegnet, weil du geglaubt hast, was Gott dir sagen ließ. Und gesegnet ist das Kind unter deinem Herzen!«
»Du weißt, daß ich ein Kind erwarte?« wunderte sich Maria. Sie lobte Gott und dankte ihm.
Auch heute noch singen und beten wir Menschen zu Gott genau wie Maria damals. Nur haben wir noch einen Gruß an Maria hinzugefügt. Ave Maria heißt: Sei gegrüßt, Maria.

Josef ist traurig

Nach der Geburt des kleinen Johannes, des Sohns von Elisabeth, hatte Maria Abschied genommen. Sie freute sich auf Josef, ihren Verlobten. Josef stammte von König David ab, der vor vielen Jahren in Israel geherrscht hatte. Josef war zwar nicht reich, aber ein fleißiger Zimmermann, der bei den Menschen beliebt war. Und er glaubte fest an Gott.
Josef freute sich sehr über Marias Heimkehr. Doch das, was sie ihm erzählte, konnte er nicht begreifen: »Du, ein einfaches Mädchen? Du sollst die Mutter des Gottessohnes werden?« Josef schüttelte den Kopf und ging enttäuscht nach Hause.
Maria war traurig, daß Josef sie nicht verstanden hatte. Doch schon am nächsten Morgen kam Josef zurück in ihr Elternhaus. Maria«, rief er, »ich werde deinem Kind ein guter Beschützer sein!« Als Maria ihn verwundert anblickte, erklärte er: »Gott hat mir im Traum eine Botschaft schickt. Heute nacht ist ein Engel gekommen. Er hat gesagt, daß ich mich nicht ängstigen soll. Dein Kind ist von Gott. Es soll Jesus heißen. Und Jesus bedeutet: Gott rettet!«

Bald fand die Hochzeit von Maria und Josef statt. Manche Menschen machten sich lustig über Josef und seinen Glauben. Andere aber bewunderten ihn für seine Güte und Hilfsbereitschaft. Denn die Menschen konnten natürlich nicht verstehen, was mit Maria geschehen war.

Die Volkszählung

Der Kaiser sitzt im fernen Rom,
er denkt an Macht und seinen Thron.
Er braucht mehr Burgen, lange Straßen,
die Reiterscharen durchzulassen,
braucht Geld und Essen für Soldaten,
die Israel erobert hatten.
»Legt Bücher auf in jedem Ort,
zählt alle Leute fort und fort!
Hört nicht erst hin, wenn sie laut klagen:
ich hab' kein Geld! Mir knurrt der Magen!
Wir sind die Sieger, sie die Beute!
Sie sind für uns nur fremde Leute!«

Das, was die Kinder in Nazaret den Römern nachriefen, wurde für Josef und Maria bald bitterer Ernst: die Volkszählung. Da Josefs Familie aus Betlehem stammte, der Stadt Davids, mußten sich die beiden dort in die Steuerlisten eintragen lassen. »Wir müssen dem Kaiser gehorchen!« sagte Josef.

Maria wußte, daß sie bald ihr Kind bekommen würde. Die Reise war mühsam. Trotzdem klagte sie nicht. Denn ganze Scharen von Menschen waren unterwegs, darunter auch viele alte und behinderte.

Nach der Eintragung in die Listen in Betlehem ließ sich Maria unter einem Baum nieder. Sie war schrecklich müde und erschöpft von der Reise. Josef suchte eine Unterkunft für die Nacht. Da fühlte Maria das kräftige Strampeln ihres Kindes. Sie erschrak: Wird es hier mitten zwischen den fremden Menschen zur Welt kommen? Sie hatten doch nicht mal ein Zimmer gefunden. »Lieber Gott, steh' uns bei!« flüsterte sie und hielt nach Josef Ausschau. Doch auch für Josef war es schwierig, überall wurde er abgewiesen. Woher sollte ein kleiner Ort wie Betlehem plötzlich Platz haben für so viele Menschen? Vielleicht waren die Bewohner gar nicht mal so böse, wie es in dem Lied von der Herbergssuche heißt? Was sollten sie auch machen, wenn jedes freie Plätzchen belegt war?

Wer klopfet an?

Wirt:
Joseph und Maria:
„O nein, nein, nein!" „O las - set uns
Wirt:
Joseph und Maria:
doch ein!" „Es kann nicht sein!" „Wir wol-
Wirt:
len dank-bar sein." „Nein, es kann ein-mal
nicht sein, da geht nur fort! Ihr kommt nicht rein!"

Die Geburt Jesu

Maria saß im Stroh, über das Josef sorgfältig eine Decke gebreitet hatte. Der Stall, der ihnen jetzt nach langem Suchen Unterschlupf bot, wurde notdürftig von einer Öllampe beleuchtet. Mit glücklichem Lächeln blickte Maria auf das Kind in ihren Armen.
Josef versorgte gerade den Esel mit Heu. Ein Ochse, der sich von den fremden Menschen nicht stören ließ, kaute vor sich hin. »Hier haben wir es warm!« sagte Josef. »Und die Futterkrippe können wir als Wiege verwenden!« Er schichtete Stroh in der Krippe auf und deckte es mit einer Windel zu. Dann legte Maria vorsichtig das Kind in dieses ungewöhnliche Bettchen.
Von draußen war ein Rascheln zu hören. Die Stalltür öffnete sich einen Spaltbreit. Zögernd schob sich ein Mann mit einem struppigen Bart herein.
»Sucht ihr eine Bleibe für die Nacht?« fragte Josef freundlich.
Der Mann schüttelte heftig den Kopf. Noch ein Mann schob sich durch den Türspalt und drückte sich verlegen lächelnd an die Stallwand. Da drängte sich ein Junge an den Männern vorbei.

»Sag's auf! Sag's auf!« mahnte der Mann mit dem struppigen Bart. Langsam wagte sich der Junge vor bis zur Krippe. Dort kniete er nieder und sagte:

»Lieber Jesus,
ich knie an deiner Krippe hier,
mit großer Freude bring ich dir
Milch, Käse, Wolle, ein Stück Brot,
daß du nicht leidest große Not.
Nimm an die Gaben armer Leut.
Von Herzen kommt's, besonders heut!«

»Gut! Sehr gut!« lobte die Stimme im Hintergrund, und dann schoben sich noch einige Männer durch den Türspalt. Etwas mutiger fuhr der Junge fort:

»Ein Engel uns die Botschaft bracht':
Geboren ist uns heute nacht
der Heiland, Retter, dort im Stall.
Geht hin, ihr Hirten, dankt ihm all.«

Maria hatte aufmerksam zugehört: Gerade den Hirten hatte der Engel diese Botschaft gebracht, den Hirten, die die Ärmsten in Lande sind. Maria lächelte den Männern und dem Jungen zu. Dann blickte sie zu der offenen Stalltür hin, wo ein Stück des Nachthimmels zu sehen war. Groß und leuchtend glänzte dort ein Stern. Nicht nur Maria sah diesen Stern. Diesen Stern hatten auch weise Männer im fernen Morgenland gesehen. Sie hatten immer wieder nach ihm Ausschau gehalten, weil sie aus ihren Büchern wußten: Wenn ein besonderer Stern leuchtet, dann wird dem Volke Israel ein König geboren! Also machten sich die Weisen auf den weiten Weg, um den neugeborenen König zu begrüßen.

Die Flucht nach Ägypten

Maria wußte nicht, daß die drei Weisen vor ihrem Besuch in Betlehem den neugeborenen König in Jerusalem gesucht hatten. Dort herrschte König Herodes. Er war ein böser König. Als Herodes von der Geburt des neuen Königs hörte, erschrak er sehr. Aber er ließ sich nichts anmerken und sagte zu den festlich gekleideten Fremden: »Wenn ihr diesen König findet, sagt es mir. Auch ich will zu ihm gehen!«

Die Weisen versprachen es. Als sie das Kind in der Krippe fanden, brachten sie ihm königliche Geschenke und beteten es an. Doch auf ihrem Rückweg warnte sie ein Engel im Traum: »Geht nicht zu Herodes. Er will den neuen König töten!« Deshalb nahmen die Weisen einen anderen Weg nach Hause.

Herodes aber wartete nicht lange. Er befahl seinen Dienern: »Sucht diesen kleinen König!«

Mitten in der Nacht wurde Maria von Josef geweckt. »Maria, wir müssen fliehen! Ich habe im Traum eine Botschaft bekommen, daß Herodes Jesus töten will!«

Mit zitternden Händen wickelte Maria ihr Kind in ein warmes Tuch. »Wir gehen über die Grenze – nach Ägypten!« erklärte Josef hastig, während er dem Esel die wenigen Habseligkeiten auflud. Maria versuchte ihre Angst zu unterdrücken und antwortete mutig: »Gott wird uns beistehen!«
Vom Weg über die Grenze erzählt heute noch eine Legende:

Der Weihnachtskaktus

Als Maria und Josef mit Jesus gerade durch ein Wüstengebiet gingen, tauchten Reiter hinter ihnen auf. Weit und breit gab es keine Höhle zum Verstecken. Nur ein Kaktus – groß und vielarmig – stand am Wege. So sehr sich die Flüchtenden auch duckten, zwischen den nackten Kaktusarmen konnte sie jeder sehen.
»Lieber Gott, steh' uns bei!« flehte Maria und drückte ihr Kind fest an sich.
Und seltsam – die Reiter preschten vorbei.
Endlich wagten sich Maria und Josef hervor. Da sahen sie das Wunderbare: Die Kaktusarme hingen über und über voller Blüten. Alle Lücken waren geschlossen.
Ob der Weihnachtskaktus mit seiner Blütenpracht ein Ableger aus Ägypten ist?
Josef und Maria gelangten mit ihrem Kind wohlbehalten nach Ägypten. Dort blieben sie, bis Herodes tot war. Dann erst kehrten sie nach Nazaret zurück.

Sorge um den zwölfjährigen Sohn

Maria ging jedes Jahr mit Josef, allen Bekannten und Verwandten zum Paschafest nach Jerusalem. Bei diesem Fest dankten die Israeliten Gott, daß er ihre Vorfahren aus der Unterdrückung errettet und mit ihnen einen Bund geschlossen hatte.
Dieses Mal freute sich Maria ganz besonders. Denn Jesus war zwölf Jahre alt und durfte mit ihnen gehen. Er durfte den Tempel und die schöne Stadt Jerusalem sehen und Josef helfen, das Opferlamm zum Tempel zu bringen.
Am nächsten Morgen sammelten sich die Pilger zum Aufbruch zurück nach Nazaret. Suchend flogen Marias Augen umher. Die Verwandten beruhigten sie: »Sei unbesorgt. Jesus ist bestimmt schon mit den anderen Jungen vorausgelaufen. In der nächsten Herberge wirst du ihn bestimmt finden!«
Aber als sie gegen Abend in der Herberge ankamen, hatte niemand Jesus gesehen. Es wurde eine unerträglich lange Nacht für Maria.

Und schon im Morgengrauen machte sie sich mit Josef auf den Weg zurück nach Jerusalem. Doch wo sollte sie Jesus in der großen Stadt suchen? Nach drei Tagen – sie hatten Jesus immer noch nicht gefunden – fiel es Maria ein: Warum ging sie nicht in den Tempel, um Gott um Hilfe zu bitten?
Als Maria und Josef dort ankamen, sahen sie Jesus: Er saß bei den Lehrern, die aus der Bibel lasen. Und Jesus hörte zu und stellte Fragen, über die sich die Lehrer wunderten. Sofort stürzte Maria auf Jesus zu und umarmte ihn. Dann warf sie ihm vor: »Wie konntest du uns das antun? Wir hatten solche Angst! Wir haben dich überall gesucht!«
Jesus aber sah sie verwundert an. »Ihr habt mich gesucht? Habt ihr nicht gewußt, daß ich hier sein muß, im Haus meines Vaters?«
Da erschrak Maria. Sie hatte zwölf Jahre lang vergessen, daß Jesus nicht allein ihr Sohn, sondern der Sohn Gottes war, hatte vergessen, welche Aufgaben er erfüllen sollte. Ängstlich und ratlos blickte sie auf ihren Sohn.
Doch Jesus legte den Arm um ihre Schulter, führte sie aus dem Tempel und ging mit ihnen.

Jesus verläßt Maria

Jahre waren vergangen – schöne, glückliche Jahre für Maria. Sie hatte viel Freude an ihrem Sohn. Er lernte fleißig und half ihr im Haus. Er beobachtete die Menschen, wie sie sich abrackerten und sorgten. »Wissen sie nicht, daß Gott für sie sorgen wird?« fragte er Maria verwundert.
Eines Tages erzählten die Nachbarn: »Ein junger Mann – Johannes heißt er – verkündet, daß der Retter nahe sei! Er sei ein Wegbereiter für den Retter, und wir sollen uns bessern!«
Johannes? War das der Sohn von Elisabeth, Marias Verwandter? Maria sah, wie Jesus vor das Haus trat und in die Ferne blickte. Der Retter ist nahe. Das hatte Maria aus den Reden herausgehört. War Johannes der Wegbereiter für Jesus? War jetzt die Zeit für Jesus gekommen, seinen Auftrag auszuführen? Maria erinnerte sich an alles, was der Engel ihr von Jesu Geburt gesagt hatte.
»Lieber Gott«, betete Maria, »Oh, ich wäre froh, wenn Jesus bei mir bliebe. Aber nicht mein Wille geschehe, sondern das, was du für richtig hältst!«

»Johannes tauft die Menschen am Jordan«, sagte Jesus eines Morgens und umarmte seine Mutter. Da wußte Maria: Das ist der Abschied. Sie weinte nicht und jammerte nicht. Sie dachte nur: »Herr, dein Wille geschehe!«

Maria sorgt sich um Jesus

Benjamin: Jetzt haben sie Johannes eingesperrt!«

Maria: »Eingesperrt?«

Miriam: »Dein Jesus hat nichts daraus gelernt. Er zieht mit seinen Freunden durch das Land und macht es Johannes nach!«

Ali: »Er soll lieber arbeiten!«

Miriam: »Benjamin hat ihm Vorwürfe gemacht. Da hat er ihm Geschichten erzählt!«

Maria: »Geschichten?«

Benjamin: »Ja! Gott im Himmel würde sich über die Besserung eines Bösen mehr freuen als über 99 Gute!«

Maria: »Aber ich habe gehört, daß mein Jesus Kranke heilt. Daß er durch Auflegen seiner Hände Menschen Mut macht.«

Miriam: »Ja, ganze Scharen laufen ihm nach, wie einem Jahrmarktschreier!«

Ali: »So kann man das auch nicht sagen ...«

Benjamin: »Maria, willst du, daß Jesus im Gefängnis landet? Wie Johannes? Diese Schande!«

Miriam: »Du mußt ihn heimholen! Warum soll er sich für diese Kranken und Sünder opfern?«

Ali: »Er ist dein Sohn! Dir wird er gehorchen.«

Maria: »Er ist ein besonderer Sohn ...«

Benjamin: »Das sagen alle Mütter! Willst du, daß er getötet wird?«

Maria: »Nein ... nein ...!«

Benjamin: »Wir gehen mit dir!«

Maria: Ja ... gut ... wenn ihr meint. Gehen wir zu Jesus!«

Jesus schickt Maria fort

Als sie sich dem Ort näherten, wo sie Jesus vermuteten, sah Maria eine riesige Menschenmenge. Je näher sie kamen, desto deutlicher konnten sie hören, was die Menschen riefen: »Erzähl' uns von Gott! Sag' uns, wie wir leben sollen! Sag' es uns!«
Maria zögerte. Da saßen Menschen ohne Beine, Blinde, Gelähmte, Menschen, die gut angezogen waren. Alle drängten sich zu einer Mitte, zu der Maria nicht durchsehen konnte. War dort ihr Sohn?
»Kind!« sagte Maria zu einem Jungen in ihrer Nähe. »Geh' und sage Jesus, daß seine Mutter da ist. Und seine Verwandten. Wir wollen ihn heimholen.« Marias Augen folgten dem Jungen. Jetzt würde Jesus erfahren, daß sie sich um ihn sorgte.
Plötzlich hörte sie die Stimme ihres Sohnes laut und deutlich aus der Menge: »Meine Mutter? Meine Verwandten? Alle, die an Gott glauben, sind meine Verwandten! Ihr seid meine Brüder und Schwestern!«
Maria verharrte stumm und bewegungslos. Noch immer hallten die Worte in ihr nach. Die verächtlichen Blicke der Verwandten sah sie

nicht. Nur eines wußte sie: »Verzeih' mir, Sohn! Ich wollte dich für mich allein haben. Ich wollte dich von deinem Auftrag weglocken. Ich hatte vergessen, daß nur du der Retter für diese verzweifelten Menschen sein kannst. Verzeih' mir!«

Mutter, das Wunder geschah . .
v. P. Perne
Mut-ter, das Wun-der ge-schah da-mals
zu Ka-na im Saa-le: Was-ser ward köst-
li-cher Wein zur Freu-de der Gäs-te beim

Mah-le. Dein Wort gibt Hoff- nung,
dein Wort gibt Mut. Laß uns be-grei-
fen: "Was er euch sagt, das tut!"

Die Hochzeit zu Kana

Maria saß bei einer Hochzeitstafel. Auch Jesus war hier mit seinen Freunden. Es war eine schöne Hochzeit. Doch dann bemerkte Maria, wie der Speisemeister mit dem Bräutigam tuschelte. Der Bräutigam machte ein besorgtes Gesicht. »Was? Wir haben keinen Wein mehr?« hörte Maria ihn fragen. »Die Gäste werden uns auslachen!«

Da ging Maria zu Jesus. Sie hatte gesehen, wie vielen Menschen Jesus geholfen hatte. Doch Jesus wurde ärgerlich: »Was verlangst du von mir? Ich gehorche Gott. Er bestimmt, wann etwas geschehen soll!«

Maria ging zurück an ihren Platz. Und sie ordnete den Dienern an, Wasser in großen Krügen bereitzustellen. Dann sagte sie: »Tut, was Jesus euch sagt!«

Und das Wasser wurde zu köstlichem Wein!

Später erinnerten sich die Menschen an Marias Hilfe. Sie begriffen, daß Maria immer ein gutes Wort bei Jesus einlegen wird – bei großen und bei kleinen Sorgen.

Maria unter dem Kreuz

Maria war mit Jesus und seinen Freunden zum Paschafest nach Jerusalem gegangen. Sie fühlte, daß sich die Gefahr wie eine Gewitterwolke über Jesus zusammenballte. Sie wußte, daß sie ihm nicht helfen konnte, aber sie wollte wenigstens in der schweren Zeit in seiner Nähe sein.
Und nun hatten sie Jesus ans Kreuz genagelt. Jeden Schlag hatte Maria gespürt. Kein tröstendes Wort hatte sie ihrem Sohn sagen können, denn die Soldaten hatten sie nicht zu ihm gelassen. Wenn sie doch mit Jesus zusammen sterben könnte!
Da hörte Maria seine Stimme. Jesus sprach mit letzter Kraft: »Mutter, hier steht dein Sohn!« Und dann – nach einer Atempause: »Johannes, hier steht deine Mutter!« Maria fühlte sich wie gelähmt. Was meinte Jesus? Sie sah Johannes an, den besten Freund ihres Sohnes. Er stand neben ihr und weinte. Plötzlich begriff Maria: Jesus sorgte sich um seine Mutter. Er wollte ihr sagen, daß sie Johannes so liebhaben solle wie ihren Sohn. Und Johannes sollte nicht unglücklich sein, denn wer eine Mutter hat, ist nicht allein.

Trotz ihres unendlichen Schmerzes war Maria dankbar: Jesus, der als Retter in diese Welt gekommen war, hatte seine Mutter nicht vergessen!
So streckte Maria die Hand aus und faßte Johannes am Arm. Sie würde den letzten Wunsch ihres Sohnes erfüllen, sie würde Johannes eine gute Mutter sein!

Maria bietet Schutz

Marias Lebensbuch ist geschlossen. Werden neue Bilder hinzukommen? Maria trocknet ihre Tränen und horcht. Waren da nicht Schritte zu hören? Ist das nicht Maria Magdalena?
»Jesus lebt! Jesus lebt!« ruft Maria Magdalena völlig außer Atem. Maria schweigt und sieht die junge Frau erstaunt an.
»Ich wollte Jesu Körper mit Öl reinigen!« stammelt Maria Magdalena. »Aber das Grab war leer. Ich war verzweifelt!« Sie hält einen Moment inne. »Ich sah einen Mann. Ich dachte, es sei ein Gärtner. Ich fragte ihn, ob er wisse, wohin Jesus gebracht worden ist!«
Jetzt sinkt Maria Magdalena auf die Knie. Sie legt ihren Kopf in Marias Schoß. »Und dann«, sagt sie mit leiser Stimme, »du weißt, daß Jesus mich gerettet hat. Er hat mir meine bösen Taten verziehen. Durch seine Verzeihung hatte ich neuen Lebensmut. Stell' dir vor: Der Gärtner, das war Jesus. Er hat mich beim Namen genannt. Er hat mich angesprochen!« Eine Weile ist Maria Magdalena still. Maria merkt, daß sie weint. Schließlich fragt Maria Magdalena zaghaft: »Wird Jesus jetzt immer bei uns bleiben?«

Da faßt Maria die Weinende an den Schultern und zieht sie hoch. Sie nimmt den Saum ihres weiten Mantels und legt ihn um die Schultern von Maria Magdalena. So geht sie mit ihr in das Haus, in dem sie und Johannes Unterkunft gefunden haben.
Und Maria Magdalena läßt sich führen. Sie hat begriffen, daß Maria sie trösten will, daß Maria sie beschützen will.

Maria, breit den Mantel aus

Stürm vor-ü-ber-gehn. Pa-tro-nin
vol-ler Gü-te, uns al-le-zeit be-hü-te.

Maria und die Jünger

Nicht nur für Johannes und Maria Magdalena fühlte sich Maria verantwortlich. Sie wollte auch dafür sorgen, daß Jesu Worte und Taten unvergessen bleiben. Denn solange Jesus bei ihnen war, waren seine Freunde, die Jünger, tapfer und voller Eifer. Aber jetzt, nachdem Jesus zu seinem Vater gegangen ist, sind sie mutlos und haben Angst.

»Habt ihr vergessen, was Jesus euch zum Abschied gesagt hat?« ermahnt Maria sie immer wieder. »Er hat gesagt: Habt keine Angst! Ich lasse euch nicht allein! Gottes Geist wird über euch kommen. Dann werdet ihr Mut haben. Dann werdet ihr allen erzählen, was ich euch gesagt habe!«

Die Freunde nicken. Sie rücken näher an Maria und beten mit ihr.

Am Pfingsttag sind viele Menschen in Jerusalem. Die Freunde Jesu gehen nicht hinaus. Sie haben die Tür verriegelt. Doch plötzlich erhebt sich Simon Petrus, der Fischer. Er schiebt den Türriegel zurück und tritt auf die Straße hinaus. Auch die anderen Freunde stehen auf und drängen ihm nach.

Maria hört die Stimme von Petrus: »Leute von Jerusalem. Jesus, der am Kreuz gestorben ist, ist Gottes Sohn. Er lebt. Wir sind seine Zeugen!« Die Stimme von Petrus ist laut und klar und sicher. Maria steht mitten unter den Freunden ihres Sohnes. Sie betet: »Vater im Himmel, ich bin so froh, daß du ihnen deinen Geist gegeben hast! Ich bin so froh, daß sie den Auftrag deines Sohnes weitertragen. Ich bin so froh, daß Jesus nicht umsonst gelitten hat!«

Maria seufzt und weint nicht mehr

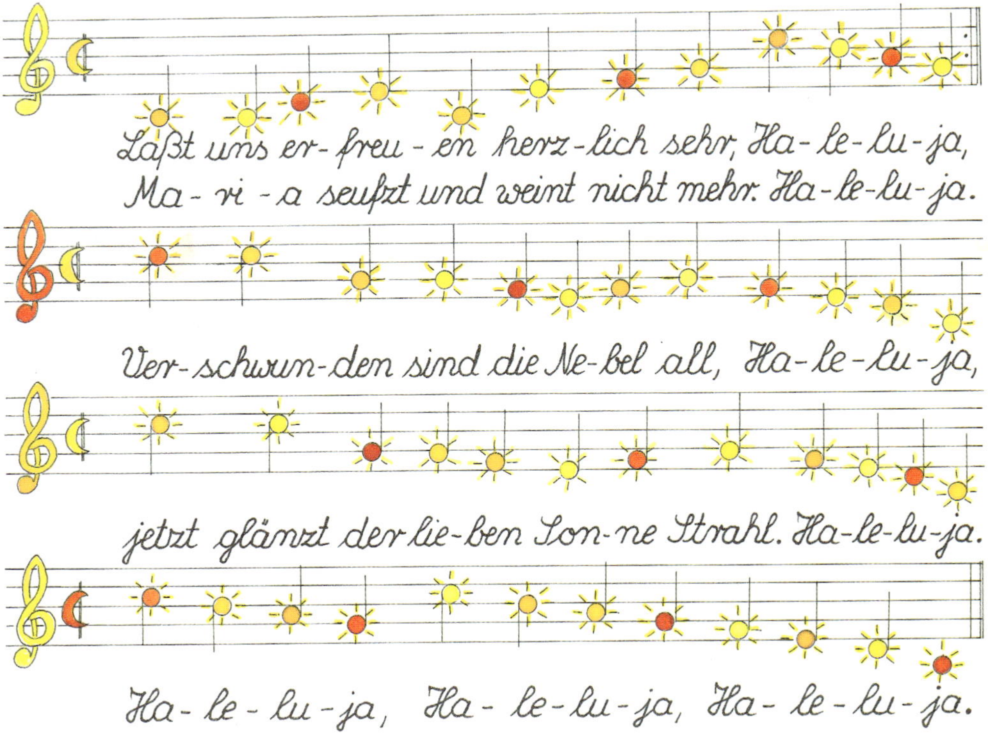